DEL ABISMO A LA CUMBRE

"El resurgimiento financiero después de superar grandes desafíos."

Rafael Reynoso Severino

Edición dirigida al hombre de hoy, con miras puestas en un futuro de éxito

26/07/2024

Índice

3. **Prólogo:** El Inicio de un Nuevo Camino

6. **Agradecimientos**

8. **Capítulo I:** Mi Primer Contacto con las Finanzas

13. **Capítulo II:** El Despertar Financiero

24. **Capítulo III:** La Caída y la Crisis

36. **Capítulo IV:** Reconstruyendo desde Cero

46. **Capítulo V:** Primeros Pasos en la Bolsa de Valores

53. **Capítulo VI:** Estrategias de Inversión Inteligente

61. **Capítulo VII:** Alternativas a la Inversión en Bolsa

71. **Capítulo VIII:** Lecciones Aprendidas en el Camino

76. **Capítulo IX:** Diversificación y Seguridad Financiera

82. **Capítulo X:** Alcanzando la Cumbre

85. **Inspirando a Otros**

8. **Conclusión: Reflexiones y Futuro**

Prólogo

Bienvenidos a este viaje personal por el mundo de las finanzas personales. Este libro no es solo una recopilación de consejos y estrategias, sino una historia que se desarrolla a través de experiencias reales y aprendizajes significativos. Dirigido a todos aquellos que desean enfrentar los desafíos financieros que encontramos en algún momento de nuestras vidas.

A lo largo de estas páginas, compartiré contigo mi propia travesía desde la inseguridad financiera hasta la estabilidad y el crecimiento. Cada capítulo está diseñado para explorar temas cruciales como el ahorro, la gestión de deudas, las inversiones y la planificación para el futuro. Cada historia y cada consejo están respaldados por experiencias reales, errores cometidos y éxitos celebrados.

En este libro, encontrarán no solo información práctica y táctica sobre cómo mejorar sus finanzas personales, sino también inspiración para tomar decisiones informadas y estratégicas. A través de ejemplos claros y acciones concretas, los invito a reflexionar sobre sus propias metas financieras y a tomar el control de su futuro económico.

Recuerden, las finanzas personales no son solo números y cuentas bancarias; son herramientas poderosas que pueden transformar nuestras vidas. Con el conocimiento adecuado y la determinación, todos podemos alcanzar la libertad financiera y construir un futuro próspero y seguro.

Este no es solo un libro sobre dinero; es un libro sobre cómo transformar tu vida y alcanzar la cumbre de tus sueños. Espero que encuentres en estas páginas la motivación y las herramientas necesarias para emprender tu propio camino hacia el éxito financiero.

¡Que este libro sea el primer paso en su viaje hacia una vida financiera más saludable y satisfactoria!

Agradecimientos

Quiero expresar mi profundo agradecimiento en primer lugar a Dios por su inmensa bondad y a todas las personas que han hecho posible la realización de este libro, "DEL ABISMO A LA CUMBRE". En primer lugar, a mi familia, cuyo apoyo incondicional y comprensión durante los momentos difíciles han sido fundamentales para mi fortaleza y perseverancia.

Agradezco sinceramente a mis amigos y colegas, cuyas palabras de aliento y consejos han enriquecido mi perspectiva y me han inspirado a seguir adelante en este viaje de autodescubrimiento financiero y personal.

Por último, pero no menos importante, agradezco a los lectores por su interés y confianza. Espero sinceramente que este libro les brinde conocimientos útiles, inspiración y motivación para alcanzar sus propias metas financieras y personales.

Capítulo I

Mi primer contacto con las finanzas

INICIOS INOCENTES

Desde muy joven, tuve una curiosidad natural por el dinero. Recuerdo claramente el primer billete que recibí como regalo de cumpleaños cuando tenía ocho años. Aquel pedazo de papel, pequeño y ligeramente arrugado, parecía contener un mundo de posibilidades. Mi madre me llevó al banco local para abrir mi primera cuenta de ahorros. Al principio, no comprendía del todo qué significaba depositar dinero en una cuenta bancaria. ¿Por qué no podía simplemente guardarlo en mi alcancía de cerdito rosa? Pero pronto descubrí el concepto de interés y cómo mi dinero podría crecer con el tiempo.

MI PRIMERA LECCIÓN SOBRE FINANZAS

El valor de ahorrar y el poder del interés compuesto. Aunque la cantidad era pequeña, me sentí emocionado al ver mis ahorros incrementarse cada mes, aunque fuese por unos pocos centavos. Empecé a pensar en formas de ganar más dinero para aumentar mis ahorros, como lavar coches en el vecindario o vender limonada en el parque. Cada pequeño esfuerzo me enseñaba el valor del trabajo duro y la recompensa de ver crecer mis ahorros.

DESCUBRIENDO EL VALOR DEL DINERO

A medida que fui creciendo, mi comprensión del dinero también evolucionó.

Sin embargo, no todo fue fácil. Recuerdo una vez que gasté todo mi dinero en una bicicleta nueva, solo para darme cuenta de que no tenía suficiente para cubrir los gastos de mi celular ese mes. Fue una lección dura pero invaluable sobre la importancia de la planificación y la gestión del dinero. Aprendí que el dinero no era solo para gastar, sino una herramienta que debía manejarse con cuidado y previsión. Esa experiencia me enseñó a pensar a largo plazo y a valorar la importancia de un fondo de emergencia.

REFLEXIÓN

Mirando hacia atrás, me doy cuenta de que mi primer contacto con las finanzas fue fundamental para moldear mi entendimiento y actitud hacia el dinero. Aprendí que el ahorro y la planificación son cruciales para la estabilidad financiera y que cada pequeño paso cuenta en el camino hacia la independencia económica. Estos principios, inculcados desde joven, se convirtieron en la base de mis decisiones financieras a lo largo de mi vida.

"El dinero no es el objetivo final, sino una herramienta para construir la vida que deseas."
— Anónimo

Acá te dejo un espacio donde puedes reflexionar y anotar algo de tu historia con el dinero, o alguna opinión sobre el capítulo. "Es *el momento de reescribir tu historia personal"* Adelante-

_____
_____
_____
_____
_____

II

El Despertar Financiero

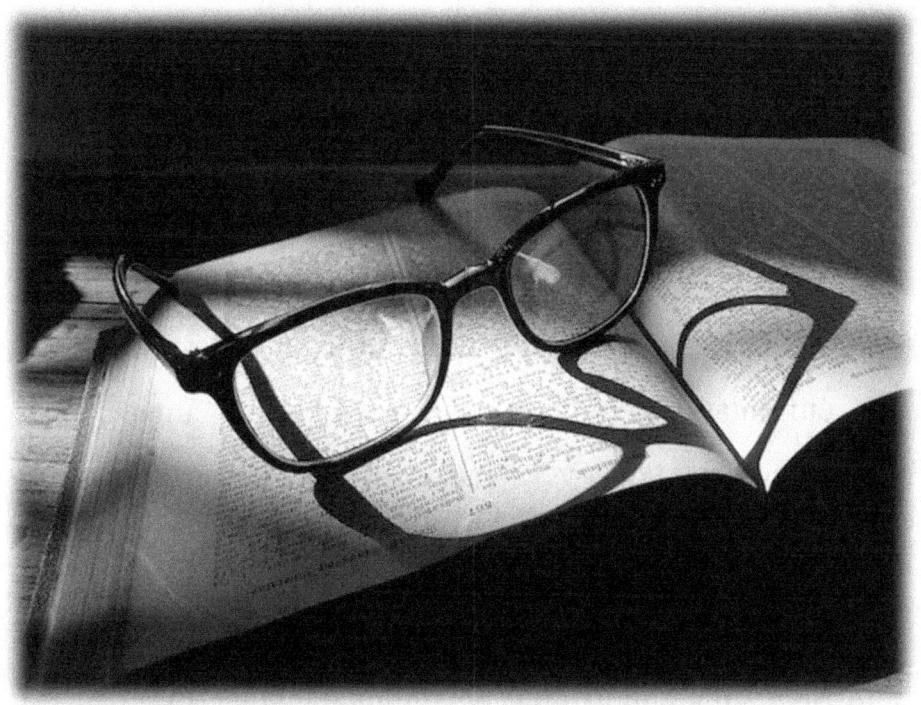

En este capítulo, relato el momento crucial en el que mi visión sobre las finanzas personales cambió radicalmente. Desde la desesperación hasta la determinación, esta es la historia de mi despertar financiero.

1. LA CRISIS INEVITABLE:

Viví una crisis financiera que puso en riesgo mi estabilidad emocional y económica. Las deudas acumuladas y la falta de ahorros me llevaron a enfrentar una situación insostenible. El impacto emocional de ver mis sueños y seguridad amenazados fue abrumador.

Para superar esta crisis, mi primera acción fue realizar un inventario completo de mis finanzas. Listé todas mis deudas, ingresos y gastos, obteniendo una visión clara de mi situación actual.

Luego, busqué asesoría financiera profesional para ayudarme a crear un plan de acción realista.

Además, me comprometí a ajustar mi estilo de vida. Reduje gastos innecesarios, vendí bienes que no utilizaba y encontré maneras de generar ingresos adicionales. Estas acciones inmediatas me dieron un respiro y el impulso necesario para seguir adelante.

2. RECONOCIENDO PATRONES DESTRUCTIVOS

Al analizar mi situación, me di cuenta de los patrones financieros que contribuyeron a mi crisis. Reconocer mis propios errores y la falta de educación financiera fue fundamental para iniciar un cambio real en mi vida.

Para romper con estos patrones, comencé a llevar un registro detallado de mis gastos diarios. Utilicé aplicaciones de seguimiento de gastos y herramientas de presupuesto que me ayudaron a identificar áreas donde podía ahorrar. También establecí límites claros para evitar gastos impulsivos.

Paralelamente, me inscribí en cursos de finanzas personales. Estos cursos me proporcionaron el conocimiento y las habilidades necesarias para gestionar mis finanzas de manera más efectiva, cambiando así mi mentalidad y hábitos financieros.

3. EL PUNTO DE INFLEXIÓN

El momento decisivo llegó cuando me vi obligado a confrontar la realidad de mis finanzas. Sentí una mezcla de vergüenza y determinación al aceptar que necesitaba tomar medidas drásticas para salir adelante. Este fue el momento en el que decidí tomar el control de mi futuro financiero.

Para consolidar esta decisión, elaboré un plan financiero detallado con objetivos a corto, mediano y largo plazo. Establecí metas específicas y fechas límite para lograrlas, lo que me permitió mantener el enfoque y medir mi progreso.

Además, busqué apoyo emocional y motivacional en grupos de apoyo y comunidades en línea. Compartir mis experiencias y recibir consejos de personas en situaciones similares me dio la fuerza para seguir adelante y mantenerme comprometido con mi plan.

4. EDUCACIÓN Y EMPODERAMIENTO

Comencé un viaje de autoeducación financiera buscando recursos confiables y consejos prácticos. Lecturas inspiradoras y la guía de mentores financieros fueron cruciales para adquirir los conocimientos necesarios y sentirme empoderado para cambiar mi situación.

Para ampliar mi educación, me suscribí a podcasts y canales de YouTube sobre finanzas personales. Estos recursos me proporcionaron información actualizada y consejos prácticos que pude aplicar de inmediato en mi vida diaria.

También me uní a foros y grupos de discusión en línea donde podía hacer preguntas y compartir experiencias. Esta interacción constante con la comunidad financiera me mantuvo motivado y me ayudó a aplicar lo aprendido de manera efectiva.

5. ESTABLECIENDO METAS CLARAS

Definí metas financieras específicas y alcanzables que me brindaron un propósito claro. Desde la creación de un fondo de emergencia hasta la planificación para la jubilación, cada objetivo marcó un paso hacia la estabilidad financiera que tanto anhelaba.

Para mantenerme enfocado, utilicé la técnica SMART (específicas, medibles, alcanzables, relevantes y con límite de tiempo) al establecer mis metas. Por ejemplo, en lugar de simplemente ahorrar, me propuse ahorrar $500 al mes durante un año para construir un fondo de emergencia de $6000.

Además, revisé y ajusté mis metas periódicamente. Celebré cada logro, por pequeño que fuera, y reajusté mis objetivos según fuera necesario. Esta flexibilidad me permitió adaptarme a cambios y mantenerme motivado.

6. ADOPTANDO NUEVOS HÁBITOS

Implementé nuevos hábitos financieros basados en un presupuesto detallado y en el ahorro sistemático. Aprendí a priorizar gastos, evitar deudas innecesarias y comenzar a invertir de manera inteligente para asegurar mi futuro financiero.

Una de las primeras acciones fue establecer un presupuesto mensual y adherirme a él rigurosamente. Esto implicó categorizar mis gastos y asignar fondos específicos para cada categoría, evitando así gastos innecesarios y sorpresas financieras.

Además, comencé a automatizar mis ahorros e inversiones. Configuré transferencias automáticas a mis cuentas de ahorro e inversión cada vez que recibía mi salario, asegurando así que siempre estaba ahorrando e invirtiendo para mi futuro.

7. SUPERANDO RESISTENCIAS INTERNAS

Enfrenté miedos y resistencias emocionales al cambiar mis hábitos financieros arraigados. Acepté el riesgo y aprendí a manejar la incertidumbre con paciencia y perseverancia. Cada pequeño éxito fortaleció mi determinación para seguir adelante.

Para manejar mis resistencias internas, practiqué la auto-reflexión y la meditación. Estas prácticas me ayudaron a comprender y superar mis miedos y ansiedades relacionadas con el dinero, permitiéndome tomar decisiones financieras más racionales y menos impulsivas.

Además, busqué el apoyo de un coach financiero. Este profesional me brindó orientación y estrategias personalizadas para superar mis obstáculos internos, manteniéndome enfocado y motivado en mi camino hacia la estabilidad financiera.

8. CONCLUSIONES Y ANTICIPACIÓN DEL FUTURO

Al final del capítulo, reflexiono sobre cómo este despertar financiero no solo transformó mis finanzas, sino también mi visión de la vida. Anticipo con optimismo los desafíos y las oportunidades que me esperan en mi continuo viaje hacia la estabilidad y el éxito financiero.

Para prepararme para el futuro, creé un plan financiero a largo plazo que incluye metas de ahorro, inversión y jubilación. Este plan me proporciona una hoja de ruta clara y me mantiene enfocado en mis objetivos a largo plazo.

Finalmente, me comprometo a seguir aprendiendo y adaptándome. La educación financiera es un viaje continuo, y estoy decidido a seguir adquiriendo conocimientos y habilidades para enfrentar cualquier desafío financiero que se presente en el futuro.

III

La Caída y la Crisis

INTRODUCCIÓN:

En este capítulo, narro los momentos más oscuros de mi viaje financiero, desde la caída abrupta hasta la crisis que casi me derrota. Exploro las lecciones aprendidas y las acciones necesarias para enfrentar y superar estas adversidades.

EL DESCENSO INESPERADO

Mi caída financiera comenzó de manera inesperada, con una serie de eventos desafortunados que desmoronaron mi estabilidad. Las deudas crecieron y mis ingresos se redujeron drásticamente, dejándome en una situación desesperada. La ansiedad y el estrés comenzaron a dominar mi vida.

Para superar este descenso, mi primera acción fue buscar asesoría financiera de emergencia. Consulté a expertos como Dave

Ramsey, conocido por su enfoque en la eliminación de deudas y la creación de riqueza. Siguiendo su consejo, comencé a implementar el método de la bola de nieve de deuda.

También me enfoqué en identificar y eliminar los gastos innecesarios de inmediato. Cancelé suscripciones no esenciales, reduje el gasto en entretenimiento y busqué maneras de reducir costos en servicios básicos. Estas acciones me permitieron reducir la presión financiera de manera gradual.

RECONOCIENDO LA CRISIS

La profundidad de la crisis se hizo evidente cuando me encontré incapaz de pagar facturas básicas. La sensación de impotencia y desesperación fue abrumadora. Sin embargo, reconocer la crisis fue el primer paso hacia la recuperación.

Para enfrentar la crisis, busqué apoyo en la comunidad financiera y en recursos como "El hombre más rico de Babilonia" de George S. Clason, que proporciona principios atemporales sobre la gestión del dinero. Aplicar estos principios me ayudó a reestructurar mi enfoque hacia el ahorro y la inversión.

Además, me uní a grupos de apoyo en línea donde podía compartir mis experiencias y recibir consejos prácticos. Estas interacciones me brindaron no solo estrategias financieras, sino también el apoyo emocional necesario para mantenerme enfocado y motivado.

ACCIONES INMEDIATAS PARA LA ESTABILIDAD

Enfrentar la crisis requirió acciones inmediatas y decisivas. Busqué formas de generar ingresos adicionales a través de trabajos temporales y FreeLancer. Cada dólar ganado se destinaba a pagar deudas y cubrir necesidades básicas.

Para optimizar mis finanzas, utilicé la regla 50/30/20 recomendada por Elizabeth Warren en su libro "All Your Worth". Este enfoque simple pero efectivo me ayudó a asignar mis ingresos de manera equilibrada: 50% para necesidades, 30% para deseos y 20% para ahorro y pago de deudas.

También establecí un fondo de emergencia utilizando los principios de "El inversor inteligente" de Benjamín Graham. Este fondo proporcionó una red de seguridad crucial que me permitió manejar emergencias sin recurrir a más deudas.

LA IMPORTANCIA DEL PRESUPUESTO

Implementar un presupuesto detallado fue esencial para recuperar el control de mis finanzas. Utilicé herramientas y aplicaciones de presupuesto para rastrear mis ingresos y gastos, asegurándome de adherirme a mis planes financieros.

Siguiendo las enseñanzas de "Tu dinero o tu vida" de Joe Dominguez y Vicki Robin , comencé a ver el dinero como una representación de mi tiempo y energía. Esta perspectiva me ayudó a priorizar mis gastos y a enfocarme en lo que realmente importaba.

Adicionalmente, hice un seguimiento semanal de mis progresos financieros y ajusté mi presupuesto según fuera necesario. Esta disciplina constante fue clave para mantenerme en el camino correcto hacia la recuperación financiera.

SUPERANDO LOS MIEDOS

La crisis financiera trajo consigo una ola de miedos e inseguridades. Para superarlos, busqué el apoyo de un terapeuta financiero que me ayudó a manejar mis emociones y a desarrollar una mentalidad más resiliente.

Inspirado por los principios de "Psicología del dinero" de Morgan Housel, aprendí a ver las crisis como oportunidades de crecimiento. Cada desafío financiero enfrentado se convirtió en una lección valiosa que me fortaleció para el futuro.

También me comprometí a practicar la gratitud diariamente, enfocándome en los aspectos positivos de mi vida y mis progresos financieros. Esta práctica simple pero poderosa me ayudó a mantener una perspectiva positiva y a seguir adelante a pesar de las dificultades.

RECUPERANDO LA ESPERANZA

A medida que implementaba estas acciones y estrategias, comencé a ver una mejora gradual en mi situación financiera. Cada pequeño éxito, como pagar una deuda o aumentar mis ahorros, me devolvía la esperanza y la confianza en mi capacidad para superar la crisis.

Para mantener esta esperanza, me inspiré en historias de éxito financiero y lecciones de libros como "Piense y hágase rico" de Napoleon Hill. Estas historias me recordaron que la perseverancia y la determinación son clave para alcanzar la libertad financiera.

Finalmente, establecí un sistema de recompensas para celebrar mis logros financieros. Cada meta alcanzada, por pequeña que fuera, era una oportunidad para reconocer mi esfuerzo y mantenerme motivado en mi camino hacia la recuperación completa.

CONCLUSIONES Y LECCIONES APRENDIDAS

Reflexiono sobre las lecciones aprendidas durante la caída y la crisis. A través de la educación, la acción y el apoyo, transformé una situación desesperada en una oportunidad para crecer y mejorar. Con optimismo, miro hacia el futuro y los desafíos que aún quedan por superar.

Estrategias Clave para Enfrentar una Crisis Financiera:

Descripción	Acción Recomendada
Realizar un análisis completo de deudas, ingresos y gastos.	Utilizar una hoja de cálculo para listar todas las deudas y gastos mensuales.
Eliminar gastos innecesarios y reducir costos.	Cancelar suscripciones, reducir entretenimiento, negociar tarifas de servicios.
Buscar fuentes adicionales de ingresos.	Trabajos freelance, ventas de artículos no esenciales, trabajos temporales.
Ampliar conocimientos sobre finanzas personales.	Leer libros, escuchar podcasts, tomar cursos en línea.

Te dejo un ejemplo que en mis inicios utilice para enfrentar mi crisis y un recuadro en blanco para que inicies con el tuyo.

ESTRATEGIA	DESCRIPCIÓN	ACCIÓN PERSONAL	INICIO	REVISIÓN
Inventario Financiero	Realizar un análisis completo de deudas, ingresos y gastos.	Listar todas las deudas, ingresos y gastos en una hoja de cálculo.	01/08/2024	01/09/2024
Reducción de Gastos	Eliminar gastos innecesarios y reducir costos.	Cancelar suscripciones no esenciales, negociar tarifas de servicios.	02/08/2024	02/09/2024

¡Anímate y haz en tuyo! Este libro más que un monologo de mi vida, es una interacción entre tú y yo, donde juntos daremos ese gran salto al éxito financiero.

ESTRATEGIA	DESCRIPCIÓN	ACCIÓN PERSONAL	INICIO	REVISIÓN

IV

Levantando la Cabeza

INTRODUCCIÓN

En este capítulo, comparto las estrategias y acciones que me permitieron levantarme de una situación financiera difícil y comenzar a reconstruir mi estabilidad económica. Esta etapa es crucial, ya que representa el inicio de una nueva mentalidad y un enfoque renovado hacia el manejo del dinero.

RECONSTRUYENDO LA CONFIANZA:

La confianza financiera estaba en su punto más bajo, y recuperar la autoestima fue fundamental. Al leer "Los secretos de la mente millonaria" de T. Harv Eker, comprendí que mi mentalidad hacia el dinero debía cambiar. Este libro me enseñó a creer en mi capacidad para crear riqueza y me proporcionó una base sólida para empezar de nuevo. Para reconstruir la confianza, comencé a fijar pequeños objetivos financieros alcanzables. Celebrar estos logros me ayudó a fortalecer mi autoestima y a crear una sensación de progreso constante. Además, me rodeé de personas que me apoyaban y creían en mi capacidad para superar los desafíos financieros. También implementé una rutina de auto-reflexión y afirmaciones positivas diarias. Esta práctica me permitió mantener una mentalidad positiva y enfocada en el crecimiento, ayudándome a visualizar un futuro financiero más brillante.

ESTABLECIENDO UN FONDO DE EMERGENCIA

Crear un fondo de emergencia fue una prioridad. Siguiendo el consejo de Suze Orman en "The Money Book for the Young, Fabulous & Broke", comencé a ahorrar de manera sistemática. Este fondo actuaría como un colchón financiero, proporcionando seguridad y reduciendo la ansiedad ante gastos imprevistos. Para construir este fondo, decidí automatizar mis ahorros. Establecí transferencias automáticas a una cuenta de ahorros específica cada vez que recibía mi salario. Esto aseguró que siempre estuviera ahorrando, sin importar las circunstancias. Además, busqué oportunidades para reducir gastos y destinar esos ahorros adicionales al fondo de emergencia. Cancelé suscripciones innecesarias, negocié tarifas más bajas en servicios y vendí artículos que ya no necesitaba.

EDUCACIÓN CONTINÚA

La educación financiera es un proceso continuo. Me comprometí a seguir aprendiendo sobre finanzas personales a través de libros, podcasts y cursos en línea. "Padre rico, padre pobre" de Robert Kiyosaki fue una fuente de inspiración constante, enseñándome sobre la importancia de la inversión y la creación de activos. Inscribirme en cursos de finanzas personales me proporcionó habilidades prácticas y conocimientos avanzados. Estos cursos cubrieron temas desde la inversión en la bolsa hasta la planificación para la jubilación, lo que me permitió diversificar mi enfoque financiero. También asistí a seminarios y talleres sobre finanzas, donde pude interactuar con expertos y otros individuos en situaciones similares. Estas experiencias me permitieron aprender de los éxitos y fracasos de otros, ampliando mi perspectiva y fortaleciendo mi estrategia financiera.

CREANDO MÚLTIPLES FUENTES DE INGRESOS

Diversificar mis fuentes de ingresos fue crucial para aumentar mi estabilidad financiera. Inspirado por "Multiple Streams of Income" de Robert G. Allen, busqué oportunidades para generar ingresos adicionales, ya sea a través de trabajos freelance, inversiones en bienes raíces o emprendimientos. Comencé a explorar el mundo del trabajo freelance, aprovechando mis habilidades y experiencia para ofrecer servicios en línea. Esto no solo aumentó mis ingresos, sino que también me proporcionó una mayor flexibilidad y control sobre mi tiempo. Además, invertí en educación para desarrollar nuevas habilidades que pudieran abrir puertas a oportunidades adicionales. Tomé cursos en línea sobre marketing digital, desarrollo web y otras áreas con alta demanda en el mercado laboral actual.

INVIRTIENDO EN EL FUTURO

La inversión es una herramienta poderosa para construir riqueza a largo plazo. Siguiendo los principios de "El inversor inteligente" de Benjamin Graham, aprendí a evaluar riesgos y oportunidades de inversión, y comencé a construir una cartera diversificada. Mi primera acción fue abrir una cuenta de inversión y empezar a invertir en fondos indexados de bajo costo. Estos fondos ofrecían una manera sencilla y eficiente de diversificar mis inversiones y minimizar el riesgo. También busqué oportunidades de inversión en bienes raíces. Asistí a seminarios y leí libros sobre el tema para entender mejor el mercado y las estrategias de inversión efectivas. Con el tiempo, adquirí mi primera propiedad de alquiler, que comenzó a generar ingresos pasivos.

MANTENIMIENTO DE UN PRESUPUESTO

Mantener un presupuesto riguroso fue esencial para seguir en el camino correcto. Utilicé herramientas y aplicaciones de presupuesto para rastrear mis ingresos y gastos, asegurándome de adherirme a mis planes financieros. La técnica del sobre, popularizada por Dave Ramsey, me ayudó a gestionar mis gastos de manera más visual y tangible. Asigné dinero físico a diferentes categorías de gasto, lo que me permitió tener un control más estricto sobre mis finanzas diarias. Revisé y ajusté mi presupuesto semanalmente, asegurándome de que siempre estaba alineado con mis metas financieras. Esta disciplina constante me permitió identificar áreas donde podía ahorrar más y reasignar esos fondos a inversiones y ahorros.

CONSTRUYENDO UNA RED DE APOYO

La importancia de una red de apoyo no puede subestimarse. Me rodeé de personas que compartían mis objetivos financieros y que podían ofrecer consejo y motivación. Participé en grupos de mastermind y redes de apoyo financiero donde pude compartir mis experiencias y aprender de los demás. Busqué mentores financieros que pudieran guiarme y ofrecerme perspectiva. Estos mentores me proporcionaron valiosos consejos basados en su propia experiencia y éxitos financieros. También fortalecí mis relaciones personales, asegurándome de que las personas más cercanas a mí comprendieran y apoyaran mis objetivos financieros. Esta red de apoyo emocional fue crucial para mantenerme motivado y enfocado.

CONCLUSIONES Y LECCIONES APRENDIDAS

Reflexiono sobre las lecciones aprendidas durante este proceso de levantamiento financiero. A través de la educación continua, la diversificación de ingresos y el apoyo de una red fuerte, transformé una situación desesperada en una oportunidad de crecimiento. Con optimismo, miro hacia el futuro y los desafíos que aún quedan por superar.

V

Consolidando el Éxito

INTRODUCCIÓN

En este capítulo, exploro cómo consolidar los logros financieros y construir una base sólida para el futuro. A través de estrategias efectivas y una mentalidad de crecimiento, comparto las claves para mantener y expandir la estabilidad financiera alcanzada.

MANTENIENDO LA DISCIPLINA FINANCIERA

La disciplina financiera es fundamental para asegurar el éxito a largo plazo. Esto implica seguir estrictamente el presupuesto, evitar gastos impulsivos y mantener un control constante sobre las finanzas. Según "The Millionaire Next Door" de Thomas J. Stanley y William D. Danko, una vida frugal y disciplinada es característica común de las personas financieramente exitosas.

Para mantener esta disciplina, establecí un sistema de revisiones periódicas de mi presupuesto y mis objetivos financieros. Este hábito me permitió ajustar y optimizar mis estrategias financieras continuamente, asegurando que siempre estuviera alineado con mis metas a largo plazo.

DIVERSIFICACIÓN DE INVERSIONES

La diversificación es clave para mitigar riesgos y maximizar retornos. Siguiendo el consejo de Benjamín Graham en "El inversor inteligente", comencé a diversificar mi cartera de inversiones en diferentes clases de activos, incluyendo acciones, bonos y bienes raíces. Esta estrategia me permitió reducir la exposición a riesgos específicos y aprovechar oportunidades en diferentes mercados.

Además, me mantuve informado sobre tendencias económicas y mercados financieros.

Este conocimiento me ayudó a tomar decisiones de inversión más informadas y a ajustar mi cartera según las condiciones del mercado, fortaleciendo mi posición financiera.

CONSTRUYENDO UN LEGADO

Más allá de la acumulación de riqueza, es importante considerar el legado que se dejará. Inspirado por "The Legacy Journey" de Dave Ramsey, comencé a planificar cómo mi éxito financiero podría beneficiar a futuras generaciones. Esto incluyó la creación de un plan de sucesión y la enseñanza de principios financieros a mis hijos.

Para asegurar que mi legado perdure, también me involucré en actividades filantrópicas. Donar una parte de mis ingresos a causas importantes no solo me permitió tener un impacto positivo en la comunidad, sino que también reforzó mi compromiso con la gestión responsable del dinero.

EDUCACIÓN CONTINUA

La educación financiera no termina con la superación de una crisis. Continué expandiendo mis conocimientos a través de la lectura de libros, asistencia a seminarios y participación en cursos en línea. "Unshakeable" de Tony Robbins fue particularmente inspirador, proporcionándome estrategias avanzadas para la gestión de inversiones y la planificación financiera.

Mantenerme al día con las tendencias y novedades en el ámbito financiero me permitió adaptarme a los cambios y aprovechar nuevas oportunidades. Esta mentalidad de aprendizaje continuo es esencial para el crecimiento y la consolidación del éxito financiero.

NETWORKING Y CONEXIONES

Establecer y mantener conexiones con otros profesionales en el campo financiero me proporcionó una red de apoyo invaluable. Participar en conferencias y eventos de networking me permitió intercambiar ideas y obtener perspectivas diversas sobre la gestión financiera. **Según "Never Eat Alone" de Keith Ferrazzi, las relaciones profesionales sólidas son cruciales para el éxito a largo plazo.**

Estas conexiones también me ofrecieron oportunidades de colaboración y desarrollo profesional. Rodearme de personas exitosas y con mentalidad similar me motivó a seguir mejorando y alcanzando nuevas metas financieras.

CONCLUSIÓN DEL CAPITULO

La consolidación del éxito financiero requiere una combinación de disciplina, educación continua, diversificación de inversiones y construcción de un legado. Siguiendo estas estrategias, es posible no solo mantener la estabilidad financiera, sino también asegurar un futuro próspero y significativo.

VI

Planificación para el Futuro

INTRODUCCIÓN

En este capítulo, me enfoco en la importancia de la planificación financiera a largo plazo. Exploro las estrategias y acciones necesarias para asegurar una estabilidad duradera y preparar el camino hacia un futuro financiero seguro y próspero.

ESTABLECIENDO METAS FINANCIERAS A LARGO PLAZO

Establecer metas claras y alcanzables a largo plazo es esencial para dirigir las decisiones financieras. Utilicé la metodología SMART (específicas, medibles, alcanzables, relevantes y con límite de tiempo) para definir mis objetivos financieros. "La magia de pensar en grande" de David Schwartz me inspiró a soñar en grande y a fijar metas ambiciosas pero realistas.

Para mantener el enfoque, desglosé mis metas a largo plazo en objetivos más pequeños y manejables. Este enfoque me permitió monitorear mi progreso y hacer ajustes necesarios para mantenerme en el camino correcto hacia el logro de mis metas.

PLANIFICACIÓN PARA LA JUBILACIÓN

La planificación para la jubilación es un componente crucial de la estabilidad financiera a largo plazo. Siguiendo los consejos de "El planificador de jubilación" de Suze Orman, comencé a invertir en planes de jubilación y a aprovechar los beneficios fiscales asociados.

Para maximizar mis ahorros para la jubilación, diversifiqué mis inversiones en diferentes vehículos, como fondos de indexados, Crytomonedas. Este enfoque me proporcionó seguridad y garantizó una fuente de ingresos estable para el futuro.

PROTEGIENDO EL PATRIMONIO

Proteger el patrimonio acumulado es vital para mantener la estabilidad financiera. Contraté seguros adecuados, incluyendo seguros de vida, salud y propiedad, para mitigar los riesgos y asegurar que mi patrimonio esté protegido ante imprevistos.

También actualicé mi testamento y establecí fideicomisos para asegurar que mis bienes se distribuyan según mis deseos. Esta planificación me brindó tranquilidad y aseguró que mi familia estaría protegida en caso de cualquier eventualidad.

EDUCACIÓN FINANCIERA PARA LA PRÓXIMA GENERACIÓN

La educación financiera para la próxima generación es fundamental para asegurar un legado duradero. Inspirado por "Smart Money Smart Kids" de Dave Ramsey y Rachel Cruze, comencé a enseñar a mis hijos sobre la importancia del ahorro, la inversión y la gestión responsable del dinero.

Involucré a mis hijos en la planificación financiera familiar, animándolos a participar en la creación de presupuestos y en la toma de decisiones de ahorro e inversión. Esta educación práctica les proporcionó las herramientas necesarias para manejar sus propias finanzas en el futuro.

ADAPTÁNDOSE A CAMBIOS Y DESAFÍOS

La adaptabilidad es clave para enfrentar cambios y desafíos económicos. La lectura de

"Who Moved My Cheese?" de Spencer Johnson me enseñó la importancia de estar preparado para el cambio y de adaptar mis estrategias financieras según las circunstancias.

Mantuve una actitud flexible y proactiva, buscando oportunidades de crecimiento incluso en tiempos de incertidumbre. Este enfoque me permitió mantenerme resiliente y encontrar soluciones creativas a los problemas financieros que surgieron.

CONSTRUYENDO RELACIONES FINANCIERAS SALUDABLES

Construir relaciones financieras saludables implica comunicarse abiertamente con la pareja y la familia sobre las finanzas. "The Total Money Makeover" de Dave Ramsey enfatiza la importancia de trabajar en equipo para alcanzar objetivos financieros comunes.

Establecí reuniones regulares con mi pareja para revisar nuestras finanzas, discutir metas y tomar decisiones conjuntas. Esta colaboración fortaleció nuestra relación y nos permitió trabajar juntos hacia un futuro financiero seguro.

RESUMEN DEL CAPÍTULO

Este capítulo enfatiza la importancia de la planificación financiera a largo plazo para asegurar la estabilidad y prosperidad futuras. Establecer metas claras y alcanzables es el primer paso para dirigir las decisiones financieras. La planificación para la jubilación, aprovechando beneficios fiscales y diversificando inversiones, garantiza una fuente de ingresos estable para el futuro.

Proteger el patrimonio acumulado mediante seguros y la actualización de testamentos asegura que los bienes estén protegidos y se distribuyan según los deseos personales. Además, la educación financiera de la próxima generación, involucrándolos en la planificación financiera familiar, prepara a los hijos para manejar sus propias finanzas. La adaptabilidad y la construcción de relaciones financieras saludables son clave para enfrentar cambios y desafíos económicos, asegurando así un futuro financiero seguro y próspero.

VII

Viviendo el Presente

INTRODUCCIÓN

En este capítulo, nos enfocamos en la importancia de vivir financieramente seguros en el presente. La administración adecuada del dinero hoy asegura una vida libre de estrés y prepara el terreno para un futuro aún más próspero.

GESTIONANDO EL DÍA A DÍA

Gestionar las finanzas diarias de manera eficiente es esencial para mantener la estabilidad financiera. Establecí un sistema de seguimiento de gastos que me permitió identificar áreas de ahorro y optimizar mi presupuesto. Este enfoque me ayudó a tener una visión clara de mis ingresos y gastos diarios, permitiéndome tomar decisiones financieras más informadas.

Adoptar hábitos de gasto conscientes, como evitar compras impulsivas y priorizar necesidades sobre deseos, me ayudó a mantener un equilibrio financiero saludable. Al llevar un registro detallado de mis gastos, pude identificar patrones de consumo innecesario y realizar ajustes para maximizar mis ahorros. Este enfoque no solo mejoró mi situación financiera, sino que también me brindó una mayor tranquilidad y control sobre mi vida diaria.

EQUILIBRANDO EL DISFRUTE Y EL AHORRO

Encontrar un equilibrio entre disfrutar del presente y ahorrar para el futuro es clave para una vida financiera plena. Aprendí a simplificar mi vida y a valorar las experiencias sobre las posesiones materiales. Este cambio de mentalidad me permitió apreciar más lo que tenía y reducir el deseo de acumular bienes innecesarios.

Asignar un porcentaje fijo de mis ingresos para entretenimiento y ocio me permitió disfrutar de la vida sin culpa. Al destinar una parte específica de mi presupuesto a actividades recreativas, pude disfrutar del presente mientras mantenía mis objetivos financieros a largo plazo. Esta práctica me ayudó a encontrar un equilibrio saludable entre el ahorro y el disfrute, asegurando una vida más satisfactoria y menos estresante.

FOMENTANDO UNA MENTALIDAD DE ABUNDANCIA

Adoptar una mentalidad de abundancia, en lugar de una de escasez, es fundamental para vivir el presente de manera plena. Cambiar nuestra percepción del dinero y la riqueza puede transformar nuestra realidad financiera. Al enfocarme en la gratitud y la abundancia en lugar de la falta y la escasez, pude atraer más oportunidades y bienestar a mi vida.

Practicar la gratitud diaria y enfocarme en las cosas positivas que ya tenía me ayudó a cultivar una mentalidad de abundancia. Este cambio de perspectiva no solo mejoró mi bienestar emocional, sino que también me permitió tomar decisiones financieras más confiadas y positivas.

CONSTRUYENDO RELACIONES SALUDABLES CON EL DINERO

Tener una relación saludable con el dinero es crucial para el bienestar financiero. Comprender nuestras emociones y comportamientos relacionados con el dinero me permitió desarrollar una relación más equilibrada y positiva con el dinero.

Tomar el control de mis finanzas y entender cómo mis emociones influían en mis decisiones financieras me permitió hacer cambios significativos. Al abordar mis miedos y ansiedades relacionados con el dinero, pude mejorar mi bienestar financiero y emocional, construyendo una relación más saludable y sostenible con el dinero.

INVIRTIENDO EN EL BIENESTAR PERSONAL

Invertir en el bienestar personal es una parte esencial de vivir el presente de manera plena. Comprendí que invertir en mi salud, educación y relaciones personales es tan importante como invertir en mi futuro financiero. Al dedicar tiempo y recursos a mi bienestar personal, pude mejorar mi calidad de vida y encontrar un equilibrio más satisfactorio.

Priorizar actividades que promovieran mi bienestar físico, mental y emocional me permitió disfrutar más del presente. Ya sea a través del ejercicio regular, la meditación o el aprendizaje continuo, estas inversiones en mi bienestar personal me ayudaron a mantenerme equilibrado y enfocado en mis objetivos.

PRACTICAR EL DESAPEGO FINANCIERO

Practicar el desapego financiero me ayudó a liberar el miedo y la ansiedad relacionados con el dinero. Al comprender que el dinero es solo una herramienta y no un fin en sí mismo, pude reducir el estrés financiero y vivir de manera más plena y consciente.

Este enfoque me permitió disfrutar de lo que tenía sin preocuparme constantemente por el futuro. Al desapegarme del deseo de acumular más y enfocarme en el valor real de mis recursos, pude encontrar una mayor paz y satisfacción en mi vida diaria.

RESUMEN DEL CAPÍTULO

En este capítulo se destaca la importancia de gestionar eficientemente las finanzas diarias para mantener la estabilidad y disfrutar del presente. Adoptar hábitos conscientes de gasto y utilizar herramientas de seguimiento permite optimizar el presupuesto y asegurar un equilibrio saludable. Además, se subraya la necesidad de equilibrar el disfrute presente con el ahorro futuro, priorizando experiencias sobre posesiones materiales y asignando ingresos para entretenimiento de manera consciente.

Al fomentar una mentalidad de abundancia, construir relaciones saludables con el dinero, invertir en el bienestar personal y practicar el desapego financiero, se puede vivir de manera plena y consciente en el presente mientras se asegura un futuro financiero estable.

VIII

Lecciones aprendidas en el camino

INTRODUCCIÓN

Este capítulo es un viaje emocional a través de las lecciones que he aprendido en mi camino hacia la estabilidad financiera y el crecimiento personal. Cada experiencia narrada en los capítulos anteriores no solo ha moldeado mis habilidades financieras, sino que también ha dejado una marca profunda en mi corazón y en mi desarrollo como persona.

EL PESO DE LOS ERRORES PASADOS

Recordar mis primeros pasos en el mundo financiero me llena de nostalgia y también de una sensación de urgencia. Cometí errores que, en su momento, parecían insalvables. El temor al fracaso y la incertidumbre se mezclaron con el coraje de seguir adelante. Aceptar mis errores y aprender de ellos fue un proceso doloroso pero liberador. Cada tropiezo me enseñó a levantarme más fuerte y a valorar cada pequeño avance como un triunfo personal.

LA RESILIENCIA ANTE LA ADVERSIDAD

Las crisis financieras y las caídas me llevaron al borde de la desesperación. En esos momentos oscuros, descubrí la verdadera medida de mi resiliencia. Aceptar la realidad, enfrentar mis miedos y encontrar soluciones creativas me mostró la fuerza que reside dentro de mí. Estas experiencias no solo fortalecieron mi determinación, sino que también renovaron mi fe en que cada desafío es una oportunidad disfrazada para crecer y aprender.

EL VALOR DE LAS RELACIONES

Los capítulos dedicados a las relaciones financieras no solo fueron lecciones de números, sino también de confianza y reciprocidad. Aprender a construir y mantener relaciones saludables con el dinero y con otros fue un proceso de autodescubrimiento. Valorar la transparencia, la empatía y el compromiso en mis interacciones financieras me ha enseñado que el verdadero valor de la riqueza radica en las conexiones humanas y en el impacto positivo que podemos tener en la vida de los demás.

EL VIAJE HACIA LA PLENITUD

Integrar estas lecciones en mi vida cotidiana ha sido un camino hacia la autenticidad y la plenitud. Aprendí a abrazar mis vulnerabilidades, a valorar la gratitud y a cultivar una mentalidad de abundancia que trasciende lo material. Cada paso en este viaje ha sido una oportunidad para reconciliarme con mi pasado, abrazar el presente con gratitud y mirar hacia el futuro con esperanza renovada.

EL LEGADO DE UN VIAJE COMPARTIDO

Al escribir estas palabras, sé que mi viaje no es solo mío. Es un legado compartido con aquellos que me inspiraron, apoyaron y desafiaron a lo largo del camino. Cada lección aprendida no solo es para mi beneficio, sino también para el beneficio de aquellos que buscan la claridad financiera y la realización personal.

IX

Diversificación y Seguridad Financiera

INTRODUCCIÓN

La diversificación es una piedra angular en la construcción de una base financiera sólida. En este capítulo, exploraremos por qué es crucial no poner todos nuestros recursos en un solo vehículo de inversión y cómo proteger nuestras inversiones puede mitigar riesgos y aumentar la estabilidad financiera a largo plazo.

EL RIESGO DE CONCENTRACIÓN

Apostar todo en un solo activo puede ser tentador, pero conlleva un riesgo significativo. Recordemos el colapso de mercados específicos o empresas emblemáticas que afectaron a muchos inversores. Diversificar nuestras inversiones entre diferentes clases de activos, sectores económicos y geografías nos protege contra el impacto adverso de eventos imprevistos.

BENEFICIOS DE LA DIVERSIFICACIÓN

Al diversificar, distribuimos el riesgo entre diferentes tipos de activos, como acciones, bonos, bienes raíces y materias primas. Esto no solo reduce la volatilidad de nuestro portafolio, sino que también puede mejorar el rendimiento a largo plazo. Incluso dentro de cada clase de activo, diversificar entre diferentes empresas o instrumentos financieros puede proporcionar una capa adicional de seguridad.

ESTRATEGIAS DE DIVERSIFICACIÓN

Existen varias estrategias para diversificar eficazmente. Desde la asignación de activos basada en la edad y el perfil de riesgo hasta la inversión en fondos mutuos o ETFs que siguen índices amplios de mercado, cada enfoque tiene como objetivo equilibrar riesgos y rendimientos de manera adecuada. La clave radica en entender nuestras metas financieras, tolerancia al riesgo y horizonte temporal para diseñar un portafolio diversificado que se adapte a nuestras necesidades.

PROTEGIENDO LAS INVERSIONES

Además de diversificar, es crucial proteger nuestras inversiones mediante el uso de instrumentos como seguros, opciones de venta (puts), y fondos de emergencia. Estas medidas pueden mitigar pérdidas inesperadas y proporcionar tranquilidad financiera frente a eventos imprevistos como enfermedades graves, accidentes o crisis económicas.

EL PAPEL DEL ASESORAMIENTO FINANCIERO

Consultar con un asesor financiero puede ser invaluable para diseñar un plan de diversificación y protección de inversiones adaptadas a nuestras circunstancias individuales. Un profesional puede ayudar a identificar oportunidades de inversión sólidas y estructurar un portafolio que equilibre riesgos y objetivos financieros.

RESUMEN DEL CAPITULO

La diversificación y la protección de nuestras inversiones son pilares fundamentales para asegurar una base financiera sólida y estable. Al distribuir nuestras inversiones entre diferentes clases de activos y sectores económicos, reducimos el riesgo inherente a la concentración y aumentamos las probabilidades de obtener rendimientos consistentes a largo plazo.

Además de diversificar, es crucial implementar estrategias de protección como seguros adecuados, fondos de emergencia y la gestión activa del riesgo. Estas medidas no solo nos ayudan a mitigar pérdidas en momentos de crisis, sino que también nos proporcionan tranquilidad y confianza para enfrentar los desafíos financieros con mayor resiliencia.

Consultar con un asesor financiero puede ser clave para diseñar un plan de inversión y protección personalizado, alineado con nuestras metas financieras y nuestra tolerancia al riesgo. Un enfoque proactivo hacia la diversificación y la protección nos posiciona de manera más sólida para enfrentar las fluctuaciones del mercado y aprovechar las oportunidades de crecimiento económico a largo plazo.

X

Alcanzando la Cumbre

Este capítulo representa el pináculo de un viaje personal y financiero que comenzó en las profundidades de la incertidumbre y las dificultades. Desde el despertar inicial sobre la importancia de la educación financiera hasta enfrentar crisis financieras que desafiaron mi resiliencia, cada paso ha sido una oportunidad para crecer y evolucionar. A lo largo de este libro, he compartido las lecciones aprendidas en el camino, desde la gestión del riesgo hasta la diversificación de inversiones, cada una moldeando mi comprensión de cómo manejar el dinero con sabiduría y visión a largo plazo.

Al llegar a este punto, celebro no solo los logros materiales, sino también el crecimiento personal y la transformación interior. El éxito alcanzado no se limita a cifras en una cuenta bancaria, sino que se manifiesta en la capacidad de construir una vida con propósito y significado. Cada desafío superado ha fortalecido mi determinación y me ha enseñado la importancia de mantener una visión clara y alineada con mis valores fundamentales.

Este libro es un testimonio de que el verdadero éxito no es simplemente alcanzar una meta, sino el viaje de autodescubrimiento y mejora continua. Te invito a reflexionar sobre tu propio camino financiero y personal, tomando en cuenta que cada obstáculo superado y cada lección aprendida son oportunidades para crecer y avanzar hacia un futuro más próspero y satisfactorio.

Inspirando a otros

A medida que llegamos al final de este viaje financiero y personal, quiero invitarte a reflexionar sobre tu propio camino. La vida está llena de altibajos, momentos de incertidumbre y desafíos inesperados. Sin embargo, cada obstáculo es una oportunidad para crecer, aprender y fortalecer nuestra determinación. No importa cuántas veces te caigas; lo importante es levantarte con renovado vigor y seguir adelante hacia tus metas. Tu futuro financiero y personal está en tus manos, y cada pequeño paso que tomes hoy puede marcar una gran diferencia mañana.

Piensa en tu vida no solo en términos de dinero, sino en términos de bienestar y realización. Visualiza el tipo de vida que deseas vivir y establece metas claras para alcanzar ese sueño. Recuerda que el camino hacia el éxito no es lineal; habrá desafíos y sacrificios, pero cada esfuerzo valdrá la pena cuando veas los frutos de tu trabajo duro y perseverancia. No temas a los errores ni a los momentos difíciles; son parte del viaje hacia una vida plena y satisfactoria.

Espero que estos párrafos te sean de inspiración y te motiven a enfrentar sus desafíos financieros y personales con valentía y determinación.

Sobre el Autor

Bienvenidos al mundo de las finanzas personales a través de los ojos de un visionario. Con 35 años de edad, el autor es un apasionado de explorar nuevas fronteras tanto en la vida como en las finanzas. Casado y padre de dos niños, su viaje hacia el entendimiento financiero comenzó temprano, marcado por la curiosidad desde que recibió su primer billete de cumpleaños a los ocho años. Este evento no solo despertó su interés por el dinero, sino que sembró la semilla de una comprensión profunda sobre cómo gestionar y hacer crecer los recursos financieros.

A lo largo de los años, el autor ha desarrollado una reputación por sus ideas revolucionarias sobre el futuro. Desde innovadoras estrategias de inversión hasta perspectivas únicas sobre la planificación financiera familiar, su enfoque va más allá de los números para abrazar el potencial transformador de una visión clara y decisiones financieras informadas. A través de su libro, "DEL ABISMO A LA CUMBRE", él comparte no solo conocimientos prácticos, sino también la sabiduría adquirida a través de experiencias personales y profesionales.

Únete a él en este viaje de descubrimiento y crecimiento, donde cada página te invita a reflexionar, aprender y avanzar hacia una vida financiera más próspera y satisfactoria.

www.ingramcontent.com/pod-product-compliance
Lightning Source LLC
Chambersburg PA
CBHW071948210526
45479CB00003B/856